AF450845

HISTOIRE
ET VIE
DE L'ARRETIN.

HISTOIRE ET VIE DE L'ARRETIN.

OU

Les Entretiens de Magdelon &
de Julie.

Avec trente-six Figures en Taille-douce.

MDCCLXXIV.

HISTOIRE ET VIE DE L'ARRETIN.

OU

Les Entretiens de Magdelon & de Julie.

MAGD. N'as-tu point vû Julie, la Fille du Patiſſier, comme elle étoit ce matin richement ajuſtée ! De bonne foi lors qu'elle eſt entrée dans l'Egliſe des Auguſtins, je l'ai priſe d'abord pour une Marquiſe à la voir ; un jeune homme qui avoit les airs d'un grand Seigneur lui donnoit la main, & elle avoit à ſa ſuite deux femmes & trois grands laquais.

JUL. Je l'ai vûe & je n'ai pas été moins

ſurpriſe que toi. Je me ſuis arrêtée pour la voir paſſer ; ſes habits étoient extrèmement riches , mais ſurtout les bijoux qu'elle portoit m'ont paru d'un prix ineſtimable.

MAGD. Il eſt vrai.

JUL. Comment eſt-ce qu'elle a pû parvenir à une ſi haute fortune ? Dans le tems que je l'ai vûe à Veniſe , elle avoit pour meilleur habit, une cotte d'une petite étamine , & ordinairement elle étoit toute crotée , parce qu'elle ne faiſoit que courir pour gagner quelques ſols.

MAGD. Vraiment c'étoit encore bien pis quand elle vint à Rome.

JUL. Y a-t-il longtems qu'elle y eſt venuë ?

MAGD. Il y a environ deux ans.

JUL. En quel équipage vint-elle, dis le moi je t'en prie ? Je ne puis comprendre comment dans ſi peu de tems elle a pû devenir ſi grande Dame.

MAGD. Tu ne ſais donc pas le bon de ſon hiſtoire ! Il faut que je te l'aprenne ? Un Courtaut de boutique ſe rendit amoureux d'elle ; il étoit jaloux & pour s'aſſu-

rer de sa fidélité, il aima mieux aban-
donner toutes ses affaires & ne la point
quitter d'un pas. Enfin ils sortirent de
Venise, & après avoir couru quelque
tems çà & là, ils vinrent à Rome. Si tu
l'avois vûe alors, jamais créature n'a été
plus miserable qu'elle l'étoit. Son galant
avoit mangé tout son bien, & il ne sçut
pas être bon voleur, on l'envoya aux
galères. La pauvre fille étoit bien en peine : cependant elle fut bien inspirée, elle se fit connoître à Dame Angelique,
qui demeuroit à CAMPO DEL FIORI, c'é-
toit une femme habile, & elle vit bien
que nôtre Venitienne avec toute sa misere ne laiffoit pas d'avoir affez beau nés;
& que si une fois elle l'avoit instruite,
il y auroit quelque chofe à gagner. En
effet il vint dans peu bonne compagnie
chez Dame Angelique. Ce n'étoient pourtant au commencement guères que des
Moines & des Prêtres ; mais ceux-là ne
font pas ceux qui payent le plus mal. Enfuite elle se rendit plus considérable par
les beaux habits qu'elle mit; des Evê-
ques & des Cardinaux en voulurent, &

dès-lors il n'y en eut que pour elle : pense un peu si c'étoit le moyen de s'enrichir bientôt.

Jul. Tu me surprens qu'elle aye pû attirer tant de monde avec si peu de beauté qu'elle a. Assurément son hôtesse lui avoit donné quelque Diablerie pour rendre les hommes ainsi fous après elle.

Magd. Je ne sais pas comme tu la trouve, mais elle me paroit assez agréable, sa taille est assez haute & bien prise, elle est d'une grande blancheur, son embonpoint n'a rien d'incommode, son visage, & ses mains marquent la fraicheur d'une jeune fille, elle a des beaux yeux vifs, qu'elle sait rendre languissans comme elle veut. As-tu vû sa gorge ? Ses tetons sont éloignés, ronds & toûjours fermes : elle est étroite de ceinture & large aux fesses, ses cuisses sont assez grosses, & sa peau est fort douce à toucher. Elle a les motes de son affaire relevée avec des petits poils blonds ; & une de ses amies m'a assuré que son trou étoit toûjours demeuré fort étroit & petit. Avec tout cela ses manieres charment encore plus.

Jul. Acheve je t'en prie : qu'eft-ce qu'il y a dans fes manieres qui te plait tant ?

Magd. Je ne le faurois bien exprimer. Elle fait bonne mine à tout le monde, elle a un enjoüement raifonnable & vit toûjours fagement ; elle s'accommode aux façons de tous ceux qui la voyent, & avec ceux qui ont de l'efprit elle caquette agréablement ; de quels mets qu'on lui préfente à table elle mange peu, & ne boit prefque point ; elle fait tout proprement ; mais je ne fai comment elle peut réuffir à entretenir fans jaloufie plufieurs galants, elle ne s'embarraffe point d'en avoir deux ou trois & d'avantage en même tems chez elle. Ce rôle me paroît bien difficile à joüer, cependant fes galants s'en vont tous contens & l'aiment toûjours. Au refte on m'a dit que quand elle eft feule dans fa chambre avec un ami, quoi qu'elle ne faffe pas trop la lubrique, elle le careffe & le divertit de tant de maniere que perfonne ne peut la quitter quand on eft à la baifer,

Jul. Mais encore quel plaifir particu-

lier peut-elle donner ? seroit-ce qu'elle
se laisse baiser par l'endroit défendu?

MAGD. Et par celui-là, & de plusieurs
autres façons que je ne te dirai pas.

JUL. Ah chère Magdelon je te prie,
dis-moi tout ; tu sais bien comme je t'aime, nous sommes ici seules & rien ne
nous presse.

MAGD. Mais il y a tant de vilains mots
à dire.

JUL. O vraiment te voila bonne fille !
que peux-tu dire que *vit*, *con*, & *cu*,
voila grand chose, entre nous dois-tu
faire ces façons ?

MAGD. Je ne croi pas te pouvoir dire
tous les plaisirs qu'une femme peut prendre avec un homme, car je ne les ai pas
tous expérimentés, mais il me souvient
de l'avoir fait de plusieurs manieres bien
douces.

JUL. Bon, tu verras que nous trouve-
rons tous ces plaisirs : j'ai baisé aussi
quelquefois dans des postures bien droles, & j'en étois bien satisfaite.

MAGD. As-tu jamais baisé femme avec
femme ? je ne croi pas qu'on le puisse, que

d'une façon. Les hommes fe baifent auffi entr'eux : mais une femme le peut faire avec deux hommes en même tems, & non pas un homme avec deux femmes, & j'ai remarqué que quelle pofture que j'aye tenue, j'ai toûjours fenti bien du plaifir, & en ai donné beaucoup à mes amis. Il me fouvient encore comment je commençai d'apprendre. Du vivant de mon pere je couchois avec une tante qui étoit veuve, & un jour qu'elle étoit allée à un bien de Campagne avec ma mere, je demeurai au logis & comme je voulus paffer dans la chambre de mon coufin, je trouvai la porte fermée par dedans. Je prêtai l'oreille pour favoir s'il y avoit quelqu'un avec lui, & d'abord j'apperçus derriere la tapifferie un trou qu'avoit fait le nœud d'un ais, & je vis le drole affis ; il avoit les jambes ouvertes & étendues & empoignant fon membre le branloit tantôt vite, tantôt doucement, tantôt il y crachoit deffus, enfuite je vis qu'il tomba en terre une matiere blanche que je ne connoiffois pas alors ; il étoit fans mouvement, & je

m'imaginai bien que c'étoit un divertif-
fement. Dans le moment j'allai raconter
à ma fœur ce que j'avois vû. Elle avoit
alors quinze ou feize ans, & moi je n'en
avois guere plus de onze, auffi elle en
favoit plus que moi. Elle me dit que cette
matiere blanche étoit la femence, & qu'a-
vec cela les hommes engroffoient les femmes ; & pour me faire mieux entendre
la chofe elle me mit la main au con & me
frotta un peu dans l'endroit où elle me
dit que les hommes mettoient leur affaire.
Enfuite nous allàmes à la chambre de
mon coufin qui étoit forti, je me mis
dans la pofture, où je l'avois vû ; &
ma fœur leva fa cote & fe mit entre mes
cuiffes, fon affaire fur le mien, & en
me frottant par dedans avec le doigt j'appris comment les hommes font aux femmes.

Jul. Sans doute vous vous divertites
bien dans le lit enfuite ?

Magd. Tu verras. On maria ma fœur
quelque tems après, mais je ne laiffois
pas d'aller au trou par où j'avois vû mon
coufin, & toutes les fois il me fembloit

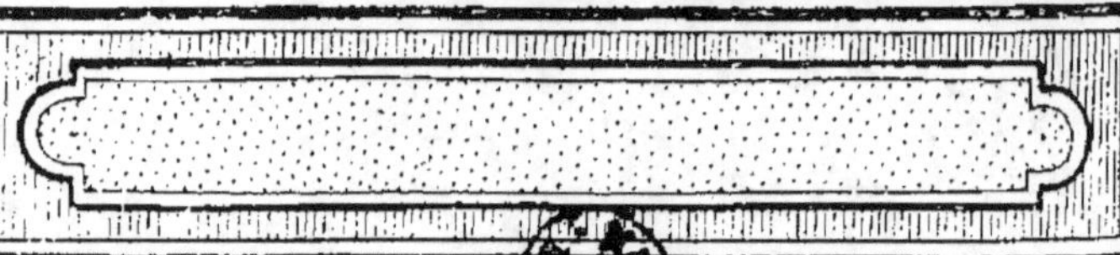

que je l'y voyois encore. Un jour que je regardois par ce trou, je le vis avec un autre jeune homme de bonne mine, qui fe careffoient tendrement. Croirois-tu bien Julie, que cela me revenoit con-tinuellement dans la tête. La nuit je ne pouvois dormir, & je ne faifois que me rouler dans le lit.

Jul. Je m'imagine que tu aurois bien fouhaité que ce beau garçon que tu avois vû eut été auprès de toi.

Magd. Je te laiffe à penfer. Auffi ma Tante s'aperçut bien de mon inquiétude & me demanda plufieurs fois, *qu'as-tu Magdelon que tu ne dors point ? T'a-t-on fait quelque chofe aujourd'hui ?* Je lui ré-pondois que non. Après m'avoir ainfi fait plufieurs queftions, comme elle vit que je ne dormoit point, elle fe mit à me careffer ; elle me baifoit & me ma-nioit mes tetons & mes cuiffes, & me difoit toûjours, *dis-le moi mon enfant & n'aye point de honte, tu fais que je t'aime.* Certes elle me preffa tant que je lui dis & par geftes & par paroles tout ce que j'a-vois vû le jour. Elle en rit & me dit, *ne* fois pas furprife de ce que tu as vû mon enfant ; c'eſt la coûtume de ces jeunes droles de ſe donner du plaiſir l'un l'autre ; les hommes en font tout de même entr'eux, & les femmes ſont des ſotes de n'en pas faire de mêmes entr'elles & les laiſſer là. Comment ma Tante, lui dis-je alors, les femmes peuvent elles avoir du plaiſir ſans les hommes ? Aſſurément, me dit-elle, veux-tu que je te le faſſe voir ? je ne répondis rien, & elle d'abord m'embraſſe, & me ſerre avec plus d'amitié que jamais, me manie les tètons & les feſſes, me fait ouvrir les cuiſſes & me mit ſon doigt dans mon trou, & me porta un des miens dans le ſien. Après nous être ainſi frotées quelques momens avec beaucoup de plaiſir, elle me fit étendre tout-à-fait & tourner le dos en bas, après elle ſe coula entre mes cuiſſes, mit ſa langue entre mes levres & me demanda la mienne qu'elle ſuça ; elle me fit encore tenir mes talons vers ſes feſſes, & mit ſon affaire ſur le mien, elle me ſecouoit ainſi & me frottoit particulierement dans l'endroit où il y a de l'os deſſus ; comme elle ſe remuoît tantôt vîte , tantôt doucement , elle me demandoit fi je ne fentois point de plaifir , qu'elle en fentoit infiniment: pour moi je treffailliffois toute , & dans les tranfports où j'étois , je remuois mes feffes avec tant de force , que je la levois en l'air quoi qu'elle fut bien pefante. Quand elle fe fut remife , elle me baifa mille fois , & nous retournâmes à ce badinage plufieurs fois durant cette nuit , tantôt je me mettois deffous , tantôt deffus. Depuis j'aimai toûjours ma Tante, comme elle m'aimoit auffi beaucoup : & nous paffâmes enfemble d'agréables nuits.

Jul. Voilà comme tu as apris à te divertir femme avec femme , mais d'homme avec femme comment l'as-tu fçu ?

Magd. Mon Coufin , depuis la mort de mon Pere , époufa fa femme que tu connois, ils demeuroient avec nous , & à vendange que nous allâmes à un bien de Campagne , je vis un foir par un trou , qui étoit au plancher de la chambre de ma mere , où je couchois avec elle , & qui regardoit dans la chambre deffous , que ma coufine cherchoit fes

puces. Elle étoit toute nüe & son mari la regardoit ; il étoit aussi à découvert sur le lit couché à la renverse ; il avoit sur son ventre son membre bandé , & il me parut si gros & si long que je ne pouvois comprendre qu'une femme aussi petite que l'est ma Cousine , put faire place à un si gros affaire. *Est-il possible,* disois-je en moi-même , *que s'il lui met ce grand membre dans le ventre , il ne la déchire point* ; & puis je croyois qu'il ne faisoit seulement que la frotter ainsi que ma Tante me faisoit. Cependant joüis que mon Cousin lui dit *ma fille viens ici* ; elle se tourna pour le regarder , & l'ayant vû de la sorte , elle lui dit en soûriant *que voulez vous ? viens si tu veux* , lui dit-il , *encore une fois* : La chemise lui tomba des mains, elle y alla, & d'abord elle prit à sa main l'affaire de son mari , ils s'approcherent l'un de l'autre & se serroient ; elle le baisoit de temps en temps fort doucement & promenoit une de ses mains sur le ventre de son mari , il lui tenoit une de ses mains aux tetons , & avec l'autre il touchoit son affaire ,

faire, & faifoit avec fes petits poils ;
comme s'il les eut voulu frifer : de temps
en temps il la foüettoit tendrement, puis
elle le mordoit & mettoit une de fes jambes fur celles de fon mari. Enfin il la
tourna à dos & lui monta fur le corps,
il lui ouvrit avec les mains les levres
de fon trou & y mit dedans fon gros
affaire. Toute étonnée j'attendois qu'elle
criàt, & je commençois à craindre qu'elle
ne mourut, lors que je vis qu'elle leva
les jambes fur les côtés de fon mari &
avec les mains elle lui ferroit les feffes,
& le tirant vers fon ventre elle levoit fes
feffes & battoit avec fes talons comme fi
elle eut craint qu'il ne l'eut ôté : il pouf-
foit fortement & elle foûpiroit, & j'en-
tendois qu'au commencement elle fembloit fe plaindre & lui difoit *tu me tues
fripon, tu me tues.* Après plufieurs fecouffes il ceffoit de pouffer fort, & alors
elle lui difoit en l'excitant par fes bran-
lemens, *Ah mon ami tu ne m'aime pas,
mon petit fils fais donc quelque douceur ;*
il pouffa encore, & elle lui crioit, *pouffe
mon fils pouffe.* Elle difoit enfuite en loû-

B

pirant , *ab je me meurs*. En effet après s'être branlés avec une ardeur extrème, ils demeurerent comme immobiles. Elle avoit ſes jambes & ſes bras étendus, tout ſon corps étoit de mème abbatu; alors certes je crus qu'elle étoit morte : mais je fus bientôt raſſûrée, mon Couſin ſe tourna de côté, & ſa femme prit ſa che-miſe comme ſi elle ſe fut éveillée d'un ſommeil. Elle fit tourner ſon mari, lui eſſuya ſon membre, qui étoit devenu petit & ridé & ne ſembloit plus le mê-me ; puis elle le baiſa, au ventre & par-tout, ce qui me fit juger qu'elle n'étoit morte que de plaiſir.

JUL. Mais quoi ! C'étoit tout ce que tu penſois alors ? & tu ne te ſentois pas autrement émüe à un tel ſpectacle ?

MAGD. Ah ma chere Julie, je me trouvai dans cette occaſion dans un état de fureur, tant j'avois de démangaiſon d'expérimenter un ſemblable plaiſir. Pen-dant tout le tems que je le vis faire, je me tins toûjours les doigts dans mon affaire, je me frottois du mieux que je pouvois & je m'imaginois ſi vivement

les plaisirs qu'ils goûtoient enſemble, qu'il
me ſembloit des momens que j'étois là &
que j'y prenois part. Ma mere vint &
nous nous couchâmes ; mais je ne pus
dormir, heureuſe encore qu'elle ne s'ap-
perçût de rien. Cependant je penſai toute
la nuit aux moyens que je pouvois prendre pour me faire baiſer à un homme,
ſur tout je le ſouhaitois fort diſcret. Il
s'en préſenta pluſieurs à mon eſprit,
mais celui qui m'occupa le plus fut ce
joli garçon que j'avois vû avec mon Couſin. Il me ſouvint alors qu'il m'avoit ſa-
luée diverſes fois avec toutes les appa-
rences d'un homme amoureux. Je réſolus
donc d'affecter dès le lendemain de paſſer
devant lui & de lui rendre de la meil-
leure grace que je pourrois les ſaluts
qu'il me faiſoit. Cela me réuſſit aſſez bien
& ſans me donner la peine d'aler courir
devant ſa maiſon, il vint chez nous une
fois & paſſa à deſſein de me voir encore
deux fois par notre rue. Tu aurois dit
que nous nous étions communiqués
nos penſées à voir comme nous nous
accordions. C'étoit pourtant peu de cho-

ſe que cela, & je ſouhaitois extrêmement de l'entretenir en particulier, afin de le mettre d'humeur de me demander quelque faveur. Il n'oſoit m'aborder tant il me croyoit fiere, & moi j'enrageois de le voir ainſi façonneux. Enfin après avoir rodé quelques jours dans notre quartier, il remarqua pour une bonne fois que mes regards n'étoient ni fiers, ni indifférents; & une occaſion qui ſe préſenta le fit hazarder de m'entretenir. Il entra chez nous une après-dînée, & alla droit à la chambre de mon Couſin; je courus après lui aux degrés pour lui dire que mon Couſin étoit ſorti. *Mademoiſelle*, me dit-il alors, *Je ſuis bien payé de la peine que j'ai priſe de venir ici, puiſque j'ai l'honneur de vous voir. Je croi Monſieur*, lui repartis-je, *qu'il vous eſt fort indifférent de me voir ou non, mais ſi vous voulez parler à mon Couſin, il ſera bientôt de retour.* En même temps je le fis entrer dans une petite chambre baſſe aſſez reculée, & là ſous le prétexte du prompt retour de mon Couſin je joüis de ſon entretien pendant quelques heu-

res. J'étois seule au logis affez heureuse-
ment avec une vieille fervante. Ce jeune
homme étoit fils d'un Docteur en Droit
& fort connu de notre maifon : c'en étoit
affez pour empêcher à ma Mere d'ere
allarmée au cas qu'elle nous trouvat enfemble. Ce jour-là il me parut fi aimable que j'avois peine à fauver les appa-
rences & à me retenir de lui faire une
déclaration d'amour la premiere. Je fis
fi bien qu'il s'ouvrit entiérement & me
dit avec des manieres paffionnées qu'il
mouroit d'amour pour moi & qu'il n'a-
voit ofé me le dire. Je ne fis la difficile
que pour mieux l'engager & je lui permis
quelque baifer, mais il me le faifoit avec
une difcretion, dont je ne m'accommo-
dois guere. Il fe retira après m'avoir de-
mandé plufieurs fois avec prieres qu'il
put me voir quelquefois. Je lui dis que
je ne le pouvois recevoir qu'en cette
chambre où nous étions, & qu'il me
faudroit même ménager les occafions. Je
le vis une autrefois, je le trouvai un
peu plus hardi à me careffer. Comme il
me preffoit extrèmement de lui promet-

tre de le voir une fois le jour, je lui dis qu'il pouvoit venir fur le foir & en-trer par la porte du jardin, d'où il paf-feroit aifément dans la chambre. Il ne manqua pas le lendemain : alors certes il fit merveilles ; d'abord il commença par m'embraffer & me baifer fort tendre-ment. Comme je le laiffai faire impu-nement, il me mit la main à la gorge & me mania les tetons. La chambre étoit bien incommode ; nous n'avions ni lit, ni chaifes, & il nous faloit tenir tout debout. Cette pofture comme tu vois étoit peu propre pour nous bien careffer. Cependant mon petit ami ne laiffa pas de bien faire : il me tint longtems une main au te-tons, & de l'autre il m'embraffoit étroi-tement de tout fon corps. Je reçevois fes careffes avec joye, & j'en fouhaitois encore d'autres, mais il n'ofoit pas en-core : enfin comme il vit qu'en me fer-rant ventre contre ventre, il m'avoit fait fentir fon inftrument qu'il appuyoit con-tre moi de toute fa force & que je n'a-vois rien dit, il commença de me frap-per doucement de fa main fur mes fefses, ensuite il chercha le trou de ma cotte & me toucha la cuisse sur la chemise , ensuite à nud, puis il alla à mon affaire qu'il mania quelque temps avec transports qui me faisoient mourir d'envie qu'il achevat tout : il me prit la main, & me la porta sur son instrument que j'empoignai, il étoit fort gros & long. Comme nous étions ainsi & qu'il n'osoit encore me demander tout , il donna quelques mouvemens de ses fesses & me pouiloit pour me faire entendre ce qu'il vouloit ; je reculai jusques à la muraille, alors il m'embrassa plus tendrement que jamais & me pria de ne le pas laisser mourir , en même temps il me leva la cotte, & commença de me le mettre dedans. Il ne le fit pas entrer tout cette fois, quoiqu'il me tint les mains aux fesses & qu'il me poussat fortement. Quand il eut achevé , je me sentis mouillée ; j'essuai mon affaire & nous continuâmes à nous caresser plus que jamais. Dans un moment il voulut retourner au divertissement; & parce qu'il n'avoit pas pû enfoncer tout à-fait la pre-

B 4

miere fois , à caufe que j'étois encore peu ouverte & que nous étions mal poſtés , il voulut eſſayer d'une autre maniere ; il me leva ma jambe gauche fur fon côté droit & pouſſa ainſi un peu plus avant que la premiere fois , mais non pas fort profond. Il fe força pourtant à ces deux coups juſques à ne pouvoir plus rien faire. Nous nous féparames avec promeſſe de nous voir le lendemain. Je m'allai coucher avec une joye que je ne pourrois exprimer , & je reconnus bien alors qu'il n'y a rien dans la vie de ſi doux que le plaiſir que la femme goûte quand un homme la baiſe. Il m'eut été impoſſible de penſer à autre choſe quand je l'aurois voulu.

JuL. Vraiment je n'ai pas de peine à croire ce que tu me dis-là. Je conte tout ce qu'on appelle plaiſirs pour rien en comparaiſon de celui qu'on a aux tendres embraſſemens. Mais ton union continua-t-elle avec le fils du Docteur ?

MAGD. Le lendemain à la même heure nous nous trouvames au même endroit: d'abord il me toucha par-tout & me fit faire de même fur lui. Comme il voulut me baifer, il m'approcha de la muraille & me ferrant là il leva mes deux jambes qu'il mit fur fes côtés, *afin*, me dit-il, *que par ce moyen je puiffe mieux entrer*. En effet après qu'il m'eut mis fon membre bien roide dans mon affaire avec quelques fecouffes il l'enfonça entiérement, & me fit goûter du plaifir beaucoup plus que les autrefois. Cependant il me dit qu'il étoit fort déplaifant qu'il ne put me faire prendre les plaifirs de l'amour comme il le fouhaitoit & que nous étions très-mal, à le faire toûjours debout. Je ne favois point d'autre commodité, mais il eut plus d'adreffe que moi. Après quelques attouchemens tendres & appetiffans, il me dit qu'il vouloit me baifer encore une fois & de toute autre maniere qu'auparavant. Pour cela il me fit tourner le dos, me dit de baiffer la tête & d'appuyer mes deux mains à la muraille ; enfuite il me leva mes habits fur le dos & avança fon membre par derriere ; je crus d'abord qui me le mettroit dans l'autre trou, & je ris en me fouvenant que je l'avois vû avec mon Coufin en cette pofture. Il me demanda de quoi je riois, je lui dis feulement que fon affaire n'entroit pas ; *pouffés*, me dit-il, *vers moi tant que vous pourrez & vous allez voir comme il ira.* En même temps il me le mit dans le trou ordinaire & il entra fort bien. Peu de temps après nous nous retirames, mais non fans nous marquer que nous étions bien fâchés d'être contrains de nous féparer.

Jul. Il faut avoüer que tu étois bien mal adroite à chercher tes aifes ; ne favois-tu pas porter au moins qnelque fiege danc cette chambre ?

Magd. C'eft ce que je fis le jour fuivant : je portai une chaife qui nous fervit bien. Auffi - tôt que mon homme fut venu il fe mit fur cette chaife & moi deffus lui ; il abbatit tout-à-fait fes culotes & me mit mes cuiffes à nud fur les fiennes, tantôt il prenoit un de mes tetons & le fuçoit comme un enfant, tantôt il me donnoit fa langue dans la bouche, & moi je lui donnois la mienne, tantôt il me mordoit ; d'autrefois il me

manioit les cuiffes , & me foüettoit. Je
tenois toujours fon affaire empoigné , &
plus je le maniois plus je le fentois devenir roide. Ce foir-là il fembloit s'épuifer
en careffes ; enfin il me fit tenir debout,
m'ouvrit mes cuiffes , paffa fes jambes
dans les miennes , & demeurant affis il
m'embraffa fi fortement qu'il me faifoit
baiffer vers lui , de la forte il me baifa.
Il imagina encore une nouvelle maniere
à la feconde fois qu'il voulut me donner
le plaifir délicieux : il me fit affeoir fur
fes genoux tournée de fon côté , de forte
que mes jambes étoient au dos de la
chaife , & nous tenans embraffés il me
le fit , mais avec plus de peine que les
autrefois. Il me fouvient qu'après le coup
nous allions nous retirer ; & comme il
me difoit adieu il mania mes tetons &
me careffa avec beaucoup de douceur ;
je le careffai auffi , je pris à ma main fon
inftrument que je trouvai fort mou.
Cependant il commença d'abord à fe
roidir & à devenir gros ; de forte qu'il
me dit en m'entrainant doucement fur
la chaife , *ma chère enfant ne perdons point*

ce moment qui nous reste. Il s'affit & me fit affeoir fur lui à nud tournée par derriere, & comme cela me tenant embraffée il me le fit une troifiéme fois. Il vint encore durant plufieurs jours de fuite, & toûjours il me baifoit de la maniere qui lui venoit dans la tête. Quelquefois il me faifoit affeoir fur lui, mes deux jambes fur fa cuiffe droite, & avec fa main gauche il me tenoit embraffée par le côté & de la main droite il foûtenoit ma cuiffe gauche, en cette pofture il me le faifoit entrer : je voyois bien pourtant que cette pofture lui étoit incommode & que je lui devois trop pefer. D'autrefois il me faifoit affeoir fur la chaife & lui fe tenant debout il fe mettoit entre mes cuiffes & il me le faifoit de la façon que ma fœur m'avoit montré. De cette maniere je goûtois beaucoup plus de plaifir qu'autrement ; auffi revint-il à cette pofture, & toûjours je hauffois mes jambes fur fes côtés, & en appuyant mes talons à fes feffes il entroit plus avant qu'il n'avoit jamais fait. Il s'avifa une autrefois qu'il me baifoit en cette poſture de prendre avec ſon bras droit une de mes cuiſſes, & la re- mûoit ſelon qu'il pouſſoit. Un autre jour il mit une de mes cuiſſes à chaque bras, & après m'avoir baiſée ainſi deux fois de de cette maniere & qu'il avoit envie d'y revenir une troiſiéme, il me fit aſſeoir & tenir les cuiſſes ouvertes à nud, & prenant ſon membre bandé à la main, il ſe jet- toit ſur moi & le faiſoit entrer un peu, revenant ainſi à diverſes repriſes com- me un homme qui court la bague, après quelques courſes je le retenois avec mes deux jambes par derriere, & en nous ſe- coüant l'un l'autre il entroit tout-à-fait, & comme cela je recevois cette douce & agréable liqueur, qui conſomme les plaiſirs des amans. D'autrefois que j'étois aſſiſe il prenoit les lévres de ma nature avec ſes deux mains & mettant ſon mem- bre dedans petit à petit, il me diſoit que mon con chauffoit ſon vit comme un brodequin une jambe ; après avoir réitéré ce badinage nous arrivions à la douceur que nous deſirions. Ce fut la derniere fois que je me divertis avec ce joli garçon que j'aimois tant. Nos amours finirent au temps que nous pouvions nous mieux satisfaire. Car mon Beau-frere vint prendre ma mere & la mena chez lui à la Campagne, parce que ma sœur devoit accoucher. J'étois seule avec la vieille servante, qui m'auroit tout permis, & j'aurois pû coucher toutes les nuits avec mon petit ami; mais il lui prit une grosse fievre qui l'empêcha de venir. Je croi que je serois morte d'inquiétude si je n'avois eu bientôt consolation par mon Cousin ? Je n'avois point songé à lui jusques alors, quoi qu'il m'agreât assez, mais certes alors je ne pouvois me passer d'un petit ordinaire que j'avois accoûtumé, & j'en aurois pris non - seulement de mon cher Cousin, mais je ne sçai de qui. Voici donc comme la chose arriva. Je sçus qu'il étoit dans sa chambre seul, & sa femme étoit à la Campagne, je courus au trou, & je vis encore nouvelles merveilles. Le Cousin étoit sur son lit étendu tenant son membre roide à la main : Cette posture me réjouït & me donna de la com-

paſſion en même temps. Je diſois-en moi-
même ; *Le voilà ſeul le pauvret ſans femme comme je ſuis ſans homme , ne ſeroit-
ce pas bien fait de nous unir pour ſortir
tous de l'inquietude où nous ſommes ?* mais
comment faire ! Je m'aviſai à la fin de
prendre le prétexte de l'aller trouver
pour lui demander des nouvelles de
ſon ami & comme il ſe portoit de ſa
fiévre. Il ne bougea point de deſſus ſon
lit quand j'entrai , ſeulement il ſe cou-
vrit ; & moi je m'étois découverte la
gorge , afin qu'il pût voir mes tetons
qui lui plaiſoient à ce qu'il m'avoit dit
ſouvent. D'abord il me pria d'approcher
& me prenant une main il me regarda
languiſſamment : Il me dit que la maladie
de ſon ami étoit fort dangereuſe , *mais
ne parlons pas de cela ,* ajoûta-t-il , *dites
moi ſeulement ſi vous ne voudriez pas être
femme d'un homme qui vous aimeroit de
tout ſon cœur.* Je lui répondis que j'avois
oüi dire qu'une femme étoit heureuſe
quand elle poſſedoit le cœur d'un homme. *Et bien* , pourſuivit-il , en me ſer-
rant toujours ma main & regardant ma

gorge , *ne seriez vous pas bien aise que je fusse cet homme & que vous fussiez la femme ?* Vraiement lui dis - je en soûriant, *ce n'est pas à un homme marié comme vous à me proposer cela. Pourquoi non ?* me repartit-il , *croyez vous qu'un homme marié ne puisse pas avoir une amie qu'il aimera de tout son cœur ? Je le croirai d'un autre ,* lui dis-je, *mais non pas de de vous. Ah ma chere ,* me dit il en s'approchant *si vous vouliez m'aimer , je ne vous laisserois rien à craindre de l'amour que j'ai pour vous.* Je ne lui répondis rien à ces paroles , & je m'apperçevois que son affaire élevoit ses habits ; cela me mettoit en humeur. Il me porta une main à la gorge & je ne lui resistai pas ; de l'autre main il m'embraffa & me fit des baifers à la bouche & aux tetons. Enfuite il me jetta fur le lit & me porta en même temps la main à la cuiffe ; je refiftai mais foiblement : enfin il me coucha, m'ouvrit les cuiffes & mit fon membre dedans. Il l'avoit beaucoup plus gros que fon ami , & je m'imaginai en le voyant ainfi qu'il m'aideroit beaucoup

à

à paſſer pour pucelle par la peine qu'il auroit d'entrer. En effet je fis quelques grimaces de crier, & il fut perſuadé qu'il étoit le premier. Je t'avoüe ma chere que je n'avois point encore goûté tant de plaiſir qu'à ce coup, parce qu'il entra fort à l'étroit & de grande force. J'eus bien de la peine à me tenir ferme & à me contraindre de ne pas hauſſer les jambes : il falloit le faire pourtant, parce qu'autrement j'aurois paru ſavante dans le métier. Quand je le vis ſur moi & qu'il étoit déjà engagé, je lui criois, *Couſin que faites vous ? votre femme ne m'aimera plus. Elle n'en ſaura rien mon cœur*, me diſoit-il, & il pouſſoit toûjours & avec beaucoup plus de vigueur que l'autre. Quand il eut achevé il me retint entre ſes bras du côté droit, & après m'avoir tatée quelque temps il m'approcha fortement de ſon côté & m'enfonça de nouveau ſon membre dans mon affaire. Après ce coup il me fit mille aſſurances d'une éternelle amitié ; ſur-tout il me proteſta que tandis qu'il pourroit jouïr de moi, j'aurois toûjours le meilleur morceau & que fa femme n'auroit que mes reftes. Je lui dis librement en le quittant que je fouhaitois fort qu'il me tint parole que pour moi je ferois toûjours toute à lui. En effet je ne croyois pas trouver jamais d'homme qui me fit fentir plus de plaifir que lui ; fur-tout quand j'agiffois avec lui en toute liberté. Je paffai la nuit fuivante à réver aux plaifirs que j'avois reçus, & j'eus mille tentations d'aller trouver le Coufin dans fon lit. Le lendemain, j'entendis qu'en fortant du logis il dit à fa fervante qu'il ne reviendroit pas dîner, & qu'on ne l'attendit point. Cette abfence m'affligea, je m'allai mettre fur mon lit pour faire paffer mon inquietude. Cependant il ne tarda pas à revenir & d'abord il vint dans ma chambre. Comme il me vit couchée, il courut tout allarmé me demander fi j'étois incommodée ; il m'embraffa & me mania les tetons. Je me tournai vers lui & lui dis que je n'avois point d'autre mal que celui de ne l'avoir point vû : alors il fe jetta fur le lit avec moi, mit fa main fous mes

juppes & me mania quelque temps pour
se mettre en humeur ; il me porta ma
main sur son membre que je fis venir
extrêmement gros & roide dans un moment ; il me prit & me coucha sur lui
de maniere que je tenois la place de
l'homme, & il me disoit de pousser fort,
je remuai du mieux que je pus & je
t'assûre que cette posture donne beaucoup
de plaisir à la femme. J'en goûtai un si
doux alors que je priai mon Cousin de me
laisser dormir que j'en mourrois d'envie ;
il me laissa sommeiller quelque temps :
je ne sçai pas bien ce qu'il fit durant ce temps, mais quand je m'éveil-
lai, je sentis quelque chose qui m'entroit dans l'affaire tout doucement, fei-
gnant de m'éveiller tout d'un coup je
m'étendis & poussai en arriere fortement,
de cette sorte je l'enfonçai davantage,
en même temps il m'embrassa & me poussa
vers lui pour achever ce qu'il avoit com-
mencé, après ce coup je ne songeai plus
à dormir. Nous nous caressames & il me
demanda comme nous pourrions faire
pour coucher ensemble toute une nuit.

Je lui dis qu'il nous feroit fort aifé pour-
vû que nous attendiffions que les fer-
vantes fuffent endormies. Nous nous féparames en nous donnant parole au lendemain. L'heure venue j'allai dans fa
chambre où il m'attendoit, je le trouvai
tout nud dans le lit ; dès qu'il me vit ,
il fauta à terre & vint en cet état m'embraffer , & me montrant fon affaire bandé , il me preffa de me deshabiller &
m'aida. Je quittai tout jufques à la chemife que je voulois garder , mais il me
la fit quitter. Nous badinames ainfi tous
nuds quelque temps & il commençoit de
m'enconner en m'embraffant étroitement,
mais il le fortit & dit que nous aurions
plus de plaifir dans le lit. D'abord il m'y
porta , & en même temps fe jetta fur moi
je ne fis plus de façon , comme je fentis
entrer fa piece , je levai mes jambes fur
fes feffes & pouffant avec lui , nous accordions nos mouvemens. Cet exercice
lui plût beaucoup , & il me pria de con-
tinuer. Ce premier coup fini , nous re-
tournames bientôt à un autre , alors je
levai auffi mes jambes fur fes côtés &

lui pris les feſſes avec mes mains. Nous demeurames longtems en cet état, je ne voulus point le lâcher & je déchargeai deux fois pendant que lui une. Enſuite nous nous endormimes nous tenant embraſſez l'un à côté de l'autre, il s'éveilla le premier, & je ſentis qu'il vouloit commencer, je m'accommodai pour le faire bien entrer. Cette ſeconde fois il me tint une de mes jambes ſur un de ſes bras, & l'autre deſſous à ſon côté. A la troiſiéme il mit mes deux jambes ſur ſes bras, & je connus alors que de cette poſture ſon vit y entroit mieux qu'autrement Il fut longtems à décharger, & j'en goûtai d'autant plus de plaiſir. Tu ſais bien qu'il n'eſt rien de tel qu'un vit gros & bien roide, & qui ne décharge pas vîte. D'autres nuits nous nous baiſames en d'autres poſtures. Une fois il s'étendit les jambes ouvertes, & moi de même nous faiſions l'affaire en nous embraſſant fortement. Une autrefois il ſe coucha ſur ſon côté gauche & j'avois mes jambes ſur ſon côté droit, & mes feſſes ſe trouvoient juſtement placées ſur

son membre qu'il mettoit fort aisément.
Une autrefois je me mis sur le côté droit
& l'autre dessous nous nous primes fort
bien & fort agréablement. Je me souvient encore qu'une fois il me fit coucher le ventre contre terre & puis mon-
tant sur mes fesses il m'enconna. Une fois
qu'il étoit couché à la renverse sur son
dos je m'assis sur son vit tout droit, ayant
le visage tourné vers le sien, mes pieds
sous ses épaules qui me servoient d'é-
trier, car j'étois à cheval, il me faisoit hausser & baisser comme il vouloit : je
t'assûre que ces différens jeux me plûrent
beaucoup. Il vouloit des fois que je lui
tournasse le dos, tenant mes jambes entre les siennes. Enfin nous le faisions de
toutes les manieres qu'il pouvoit imaginer.

Jul. Et en cela je t'aime & je te trouve raisonnable que tu ne fisses point la
difficile à te mettre dans toutes les postures qu'il vouloit. Il n'y a que les sot-
tes qui se contentent de faire les choses
dans la simplicité ordinaire. Tu as bien
reconnu que le changement augmente le

plaifir. Je crains pourtant que tu ayes manqué de complaifance. D'où vient que tu ne m'as pas dit qu'il foit entré par l'autre porte ? Je fçai bien que les hommes aiment affez d'entrer par les deux trous.

Magd. Nous y vinmes à la fin. Il ne fongea à cela qu'un foir que mes fleurs commencerent à couler extraordinairement. Je lui appris mon accident, mais il me dit que je lui permiffe de caufer avec moi & de me toucher ; j'étois bien aife d'avoir au moins cette douceur. Il fe mit auprès de moi, m'embraffa & me fit fentir fon vit roide. Je le lui pris à la main bien fachée de ne pouvoir le plaçer où j'aurois voulu ; je lui fis connoître la douleur que j'avois de ne pouvoir le confoler par toutes les careffes que je pus imaginer. Je le faifois tourner de tant de façon en le maniant tendrement, qu'à la fin fon vit fe trouva entre mes deux tetons. Je m'apperçus qu'en le preffant de deux côtés je pourrois lui donner quelque plaifir : en effet il fe tint là. Je tenois mes tetons

un de chaque main , & fon vit au milieu ; il alloit & venoit doucement &
me difoit toûjours de preffer nous fimes
fi bien qu'il me mouilla toute. Alors je
crus que fon ardeur feroit appaifée , &
après quelques baifers nous nous endormimes. Vers le matin je fentis que comme je lui avois tourné le dos , il m'en-
fonçoit fon vit roide dans le derriere ;
je ne bougeai point & il ne me fit point
de mal comme je le craignois au commencement , au contraire j'y trouvai
du plaifir. Il me le fit encore une fois
par le même endroit avant de fe lever ,
& durant trois nuits il me baifa plufieurs fois de même , me tenant toûjours
un doig dans le con. D'autrefois il me
le fit entrer entre les tetons , les cuiffes ,
fous les aiffelles , dans l'oreille , & dans
la bouche même. Je me divertiffois à
tout & lui auffi. Un matin après qu'il
me l'eut fait par le trou de derriere , je
trouvai encore fon vit roide ; il étoit
couché à la renverfe , & je voulus avoir
le plaifir de mefurer la longueur de cet
aimable inftrument , & l'empoignant ;

fa tête étoit hors de ma main, & plus de trois bons pouces encore : Quand je l'eus ainſi meſuré, je ne pus m'empêcher, quoique j'euſſe encore mes fleurs de lui monter deſſus & de me le mettre dans le con. Ma mere revint, & la femme de mon Couſin auſſi, de ſorte que je ne pouvois guere jouïr de mes douceurs accoutumées. Cependant nous prenions le temps comme il venoit, & plus nous avions de peine à menager les occaſions, plus js ſentois de plaiſir quand je m'y trouvois. Une après-dînée il me trouva aſſiſe ſur un coffre, il vint là badiner & me manier : après ces careſſes il leva mes jupes, prit mes deux jambes, & me les mit ſur ſes épaules. Cette maniere de chevaucher me plut beaucoup, & j'aurois bien voulu y revenir ſouvent, mais les affaires du Couſin l'obligerent d'aller faire un voyage. Je fus pendant ſon abſence dans un chagrin effroyable ; mais ce qui m'affligeoit le plus c'eſt que deux ou trois jours après ſon départ je me ſentis groſſe. Je n'avoit pris aucune précaution pour m'en empêcher ; parce que j'étois affez niaife de croire qu'on n'engendroit pas quand on n'en avoit pas le deffein , & qu'on pouvoit baifer avec amitié , fans que cela tirat à autre confequence. Avec tout cela je ne pouvois vouloir du mal à celui qui en étoit caufe , finon de ce qu'il tardoit longtems. Enfin il arriva un foir que j'étois au lit avec ma mere. Après qu'il fe fut défait de fa femme il monta à ma chambre , & s'apperçevant que ma mere étoit endormie , il paffa de mon côté , gliffa fa main fous les draps , & la porta fur mes feffes qu'il me fit un peu reculer vers lui & me l'enfonça où je l'aimois mieux. Comme la chofe m'étoit un peu extraordinaire par le longtems que j'en avois été privée , je goûtai un fort grand plaifir ; je fortis après mes jambes hors du lit , il fe mit entre deux & le fit en-trer beaucoup mieux que la premiere fois. Il fe retira après & ma mere ne s'apperçut de rien. J'attendis à dire au Coufin que j'étois groffe jufques à ce que nous nous pûmes voir en particulier , & alors nous primes nos mefures fur ce que nous avions à faire. J'avois pensé que je pouvois aller à Pise chez une de mes Tantes qui étoit veuve & qui étoit seule avec sa fille. Nous composames une Lettre, où je contois une fable à ma Tante au lieu de la véritable histoire de ma grossesse, & la priois instamment d'avoir pitié de moi & de me recevoir chez elle jusques à ce que je fusse accouchée. Ma lettre fit tout l'effet que j'en attendois ; & ma Tante me procura encore une voye particuliere pour venir secretement ce que je fis. La voiture que j'avois prise n'étoit pas fort commode & j'avortai à moitié chemin. Cependant je ne laissai pas de faire mon voyage. Quand je fus à Pise, je connus bientôt d'où venoit cette grande facilité que ma Tante avoit pour moi. Elle avoit sa fille qui se faisoit baiser à un jeune Seigneur fort riche & fort généreux ; & parce qu'elle craignoient que cette bonne pratique ne durat pas toûjours, elles étoient bien aises, sur tout la fille, d'avoir une compagne qui put attirer du monde. La mere commençoit à être vieille, la fille étoit peu agréable avec toute fa jeuneffe, & je valois beaucoup plus qu'elles. Elles me firent mille careffes, & comme j'étois en état de me faire baifer, la fille me fit fon hiftoire & me voulut donner un ami. Je le vis quelquefois ; c'étoit un Avocat fort riche, mais je me fouciois peu de fon argent : il me dégoûta & je ne voulus plus le voir. Je m'accommodai mieux d'un jeune étudiant en médecine que j'avois vû quelquefois à la promenade, & chez lui dans une maifon près de la notre. Celui-ci avec fa jeuneffe ne laiffoit pas de bien faire les chofes, auffi je lui accordois tout ce qu'il vouloit. Il crut que nous ferions mieux dans fa chambre, & j'y allois tous les foirs coucher avec lui. Cependant l'Avocat fe plaignit à ma Coufine ; & comme ils étoient bons amis, il convinrent enfemble de fe vanger de moi. Pour cela ils m'obferverent, & un foir que je m'en allois avec mon jeune Medecin, une troupe de gens armés fondirent fur nous & m'enleverent : On me porta dans une chambre d'un ami de l'Avocat dans un quartier fort éloigné du notre. Parmi tous mes raviffeurs , je vis ce maudit Avocat , & je lui aurois arraché les yeux fi j'avois pû, il m'abandonna à la dif- cretion de ving-cinq gros pendards qui me pafferent tous fur le ventre fans au- cune compaffion : jamais je ne fus fi fa- tiguée. Après qu'il s'en furent allés , il entra dans la chambre l'ami de l'Avocat, qui s'appelloit M. Spinola. Dès qu'il me vît, il parut affez fatisfait de ma beauté. Je pleurai devant lui à groffes larmes , & je me plaignis du cruel traitement qu'on m'avoit fait. Il s'approcha pour me confoler, & me dit pour cela cent chofes agréables. Il avoit bonne mine & tout ce que je voyois en lui fentoit fon homme de qualité. Il me demanda ce que j'avois tant fait à l'Avocat pour m'être attirée fon indignation jufques à ce point. Je lui dis toute l'hiftoire, & je lui fis voir tant de défagremens dans le commerce, & dans la perfonne de cet homme , qu'il trouva mon dégoût bien fondé & fort raifonnable. Son cœur s'in- téreffoit à tout & rien ne me convainquit

mieux de la douleur où il étoit pour ce
que j'avois fouflerr que de le voir dans
l'impuiffance de pouvoir bander. Il me
careffoit de toutes les façons ; cependant
fon vit étoit toûjours mou , & c'étoit
me difoit-il , parce qu'il penfoit qu'il l'alloit mettre en un lieu où tant de canailles
avoient mis les leurs. Pour le mettre en
humeur de bander je mis tout en ufage ;
je me debraillai toute pour lui faire voir
mon corps , & après lui avoir bien ma-
nié fon vit je le mis entre mes cuiffes ;
alors il devint roide , ma foi il en étoit
bien fourni. Comme il voulut me baifer ,
je le portai au derriere pour lui épar-
gner le dégoût qu'il avoit de le mettre
au con ; & parce qu'il ne s'en apperçut
pas dans la fougue où il étoit , il me dit
comme il avoit peine à entrer que je l'a-
vois bien petit , quoique tant de gens
y euffent paffé. Je ne lui répondis rien.
Lorfqu'il eut achevé il fortit après m'a-
voir fait mille proteftations de m'aimer
toujours , fi je voulois lui être fidele. Le
lendemain il me fit prendre le bain ,
me logea commodement , & m'acheta des

habits fort propres : quelques temps après il me mena à Rome , où il alla auprès d'un Cardinal qui étoit son oncle , & il me mit chez une Dame qu'il croyoit de ses amies. Je ne demeurai guere chez cette femme , elle me déplût dès les premiers jours , parce qu'elle n'étoit pas contente de ce qu'elle gagnoit avec moi par la bonne pension que je lui payois , elle vouloit encore que je reçusse certaines gens qu'elle m'ammenoit. Son avarice , & la perfidie , dont elle usoit envers M. Spinola me firent songer à changer de quartier. Ce qui me détermina tout-à-fait , c'est que M. Spinola partit. Il me donna cent ducats en me disant adieu , & je ne reçus aucune nouvelle de lui. Alors certes je songeai à être un peu œconome , & à ne pas refuser les avantages que ma beauté me procureroit de peur de tomber dans la misere. J'eus d'assez belles occasions de me faire un petit fond d'argent. J'allai louer une maison au pont S. Sixte & je n'y fut pas trois jours qu'il m arriva une avanture plaisante. J'allai chez un marchand prendre des nipes. Il entra chez le marchand en même tems que moi un jeune homme de qualité qui venoit acheter des rubans. Il m'accosta de fort bonne grace & m'entretint avec esprit. Il attendit que j'eusse fait mon emplete, & en sortant il s'offrit de me conduire chez moi. Je ne le refusai point. Il voulut s'arrêter au devant de ma porte, mais je ne voulus pas y rester, je lui fis compliment de monter en haut. Tu peux bien t'imaginer s'il fit des façons. Après qu'il m'eut louée de la propreté de mes meubles il vint à des déclarations d'amour, & il rechercha les expressions les plus fortes pour me persuader de sa sincérité. Nous en demeurames là pour ce jour ; & au honnêtetés près je ne lui permis aucune liberté : je crus qu'il étoit bon de le laisser dans toute son ardeur. Avant de sortir il me pria d'agréer qu'il vint me voir ; je le laissai espérer, & le lendemain il vint à la même heure. Il me parut d'abord plus passionné que jamais. Ses premiers complimens furent que je lui permettroit d'en agir avec moi comme

l'on

l'on agiſſoit ordinairement avec les étran-
gers. *Je voudrois vous offrir* me dit - il
*quelque choſe du pays qui put vous accom-
moder.* En même temps je vis entrer le
facteur de la boutique ou nous nous
étions rencontrés. Il étoit tout chargé
de nipes & de rubans. Après quelques
façons que je fis, je pris quelque choſe
avec diſcrétion. Certes alors il me tardoit de favoriſer ce jeune galant homme ; il me ſembloit mériter toutes choſes de moi : auſſi je le menai auſſi loin
que je pus dans la converſation pour
lui faire connoître que je ſerois vérita-
blement reconnoiſſante. Il m'entendit
bien je t'aſſure. Car d'abord il s'approcha de plus près, me prit la main, enſuite il m'embraſſa. Il devint tout rouge
d'ardeur & il ne parloit preſque plus. Il
n'oſoit plus autre choſe ; mais enfin devenu plus hardis par la maniere tendre,
avec laquelle je le regardois il me porta
la main au cou, puis il avança inſen-
ſiblement vers les tetons. Quand il put
les manier il tomba dans des tranſports
qui ne lui laiſſerent plus de timidité.

D

(50)

Il me donna des baifers fort ardens ,
porta la main fur ma cuiffe , premierement
fur la jupe avec des petites façons qu'il faifoit de fes doigts en tàtant , après il cherche le trou , mais il n'en trouva point. Il
s'avifa de dénouer ma ceinture & je me
trouvai ainfi débraillée. Comme il put
voir toute ma gorge il quitta fon fiege &
vint m'embraffer à nud , mettant fes
mains fur mes tetons. Mes jambes fe
trouvoient dans les fiennes ; il les écarta
& fe mit au milieu. Petit à petit il me
ferra d'avantage. Je fentois fon vit fu-
rieufement roide , & comme la pofture
étoit fi tentative il ne pouvoit s'empêcher
de pouffer certains coups comme s'il eut
voulu m'enconner au travers de mes jupes. Comme j'étouffois de chaleur , j'entrai feule dans l'autre chambre où je quittai ma cotte , & ne gardai que mon habit
en façon de robe de chambre. A mon
retour je ne fus pas un moment avec lui
qu'il voulut fe remettre dans la pofture
où il étoit auparavant , & pour cela comme il élargiffoit mes jambes pour mettre
les fiennes entre deux , il ne fentit plus

la réſiſtance de la cotte. Cela lui fit écar‑
ter mon habit, & il ne vit que la che‑
miſe, d'abord il la leva & y mit la main
deſſous. *Mademoiſelle*, me dit-il alors,
voudriez-vous me faire ſouffrir davantage ?
contentez mon amour ſi vous voulez que je
vive. En même tems il m'ouvrit toute,
regarda mes cuiſſes & mon con & me ma‑
nioit tendrement. En vérité je n'ai ja‑
mais fait de ſi grands efforts, auſſi je ne
pouvois plus tenir contre tant de diſ‑
cretion, nous étions à bout. C'eſt pour‑
quoi je me levai le tenant embraſſé,
& je me jettai ſur mon lit & là je le payai
de ce qu'il avoit tant ſouffert. Comme il
commençoit à m'enfoncer ſon vit qui
étoit aſſez gros & fort roide, je connus
qu'il n'étoit pas fort habile au métier ;
& il auroit laiſſé ſon affaire à l'entrée,
ſi je ne lui avois aidé à pouſſer. Je
hauſſai mes jambes ſur ſes côtés & em‑
braſſai ſes feſſes en le pouſſant fortement.
Je ne lui voulus point de mal qu'il n'en
fût pas davantage ; au contraire j'étois
bien aiſe de penſer que je pourrois être
la premiere qu'il auroit baiſée. Il me

l'avoua & je l'affurai que je l'en aimois davantage, il n'eut pas fini le premier coup qu'il voulut revenir à l'autre , parce qu'il bandoit toujours : il me baifa encore ce jour-là une troifiéme & une quatriéme fois , & fi je n'avois craint de ne nous échauffer trop il me l'auroit fait davantage, il continua de me voir , & au quatriéme jour , il me mit une bourfe de vingt ducats dans la poche. Un jour je lui demandai quels étoient fes amis particuliers & s'ils ne s'apperçevoient pas qu'il faifoit habitude de venir chez moi : il me répondit à cela qu'il n'avoit guere de liaifon qu'avec un Chanoine de S. Pierre auquel fes parents l'avoient recommandé , il m'ajoûta que ce Chanoine étoit un homme d'efprit, bien fait, agréable , & qu'il lui témoignoit beaucoup d'affection , je lui dis à cela que s'il croyoit faire plaifir à fon ami de le mener chez moi , je le recevrois pour l'amour de lui , pourvu qu'il fut difcret, à ces mots il m'embraffa en me remerciant ; il me dit qu'il fouhaitoit beaucoup ce que je lui offrois ; parce qu'il

vivoit avec le Chanoine d'une maniere
à n'avoir point de referve l'un avec
l'autre, ils vinrent enfemble un foir &
je trouvai que le Chanoine avoit par-
faitement bonne mine avec un air frais
de grande jeuneffe, avec tout cela le Genois étoit plus beau, la converfation
fut fort agréable, ils firent porter le
fouper, & enfuite nous caufames toujours. Peu-à-peu le Chanoine prit goût
à demeurer auprès de moi & à me careffer, ils me firent depuis tous deux
à l'envi l'un de l'autre mille careffes
qui me charmoient. Il étoit tard, après
m'avoir bien patinée ils me porterent fur
mon lit & me dépouillerent entiérement.
Ils admirerent ma blancheur; la fermeté
de ma chair & de mes tetons leur plai-
foit beaucoup. J'étois ainfi au milieu
d'eux tous nuds tenant un vit de chaque
main, ils étoient en bonne humeur &
j'attendois qui me baiferoit le premier.
Ce fut le petit Genois, il me monta deffus & m'enconna comme il fçavoit faire :
en même temps le Chanoine fe mit deffus lui & l'encula, de forte que je les
portois tous deux, néanmoins le far-

deau ne m'incommodoit pas , & j'en
goûtai d'autant plus de plaisir. Quand ils
eurent tous deux achevé je fis de grands
éclats de rire du jeu que nous venions
de faire, & de la posture où s'étoit mis
le Chanoine , que je trouvai tout-à-fait
disposé à un nouvel assaut, & je croyois
qu'il m'alloit monter dessus , mais son
ami fut encore plus habile que lui , il
m'enconna une seconde fois , & le Chanoine nous prit en embrassade & nous
tourna de côté pour enculer encore son
ami sans me causer de l'incommodité.
A la troisiéme fois son ami me saisit encore, & le Chanoine nous tourna de
nouveau & me mit au milieu d'eux, ou
il m'enfila par derriere. Imagine toi un
peu ce que je pouvois faire. Jamais je
ne fus tant secouée & par devant & par
derriere. Peu après le Chanoine m'encula de nouveau, & son ami passa de l'autre côté & encula le Chanoine. Le matin après nous être levés comme j'étois
dans ma chaise le jeune homme me donna son vit roide à la main que je portai
à mon con , comme il commençoit de
l'enfoncer le Chanoine lui leva ses ha-

bits fur les feſſes & l'encula. Ce badinage continua pendant quelques jours
ſans que jamais ce foutu bougre de Chanoine voulut goûter de mon con. Voilà
ma chere toute mon hiſtoire : je ne ſçai
ſi la tienne a d'auſſi bonnes avantures ;
mais au moins je te prie de ne m'en
faire aucun myſtere.

Jul. Je n'ai rien à te cacher , mais
attendons à une autrefois , car je ſuis ſi
remplie de ce que tu m'as dit que je ne
ſaurois te rien dire de moi avec plaiſir.

Magd. Puiſque tu t'en vas , je ne
te veux pas priver de quelque part d'un
préſent que je tiens du Chanoine. Il eſt
digne de ta curioſité, Tu es de mes amies.
Voici ces pieces qu'il a faites graver pour
me divertir. Je veux te dire en même
temps l'explication plaiſante qu'il m'en
donna.

1. La premiere qui eſt repréſentée comme tu vois , lorſque la femme met ſes
deux jambes ſur les épaules de l'homme,
cela s'appelle *le con d'Anthée , ou charger
le fardeau.*

2. Quand la femme monte ſur l'hom-

me ; cela s'appelle *monter son âne.*

3. Quand la femme embrasse le Dieu Priape aílez , cela s'appelle *carresser le minon.*

4. Quand l'homme baise la femme à la Cave , cela s'appelle *mettre la boëte au tonneau.*

5. Quand la femme est à genou les jupes retroussées sur les reins , pendant que l'homme lui met son instrument par derriere , cela s'appelle *baiser à la Levrette.*

6. Lorsque la femme est couchée & qu'elle met ses deux jambes sur les bras de l'homme , cela s'appelle *presser le dos,* ou *à la culbute.*

7. Lorsque la femme se découvre jusqu'au nombril pour pisser , cela s'appelle *montrer le Cadran du Berger.*

8. Cette boutique s'appelle , *le joujou des Carmelites.*

9. Lorsque l'homme & la femme sont nud & que l'homme cherche le niveau avec l'aplomb , cela s'appelle *baiser à la Franc-maçonne.*

10. Lorsque la fille présente son derriere à l'apoticaire , qui bande de détres-

fe , cela s'appelle *le véritable cliftere de Barbarie.*

11. Lorfque la femme eft couchée la chemife relevée au deffus du nombril, & que fon Confeffeur la contemple , pendant qu'une autre fœur la chatouille , cela s'appelle *contempler les Béatitudes.*

12. Lorfque l'homme eft la femme fe baife tout droit , cela s'appelle *faire le pied de grue.*

13. Quand l'homme eft à genoux & que la femme ayant les jupes retrouffée fe courbe en préfentant le derriere à l'homme , cela s'appelle *la Confeffion des Jéfuites.*

14. Lorfque l'homme étant couché fur la femme , elle lui embraffe le derriere avec fes jambes , cela s'appelle *le Preffe-cu.*

15. Lorfque la femme fe préfente nue devant le Dieu Priape , cela s'appelle *la fainte extafe.*

16. Lorfque l'homme & la femme étant nud fur le pied du lit, la femme empoigne le membre de l'homme pour fe le mettre, cela s'appelle *loger fon Hôte.*

17. Lorfque la femme étant couchée leve la cuiffe droite fur le bras de l'homme, pour qu'il entre mieux, cela s'appelle *la mufette affife.*

18. Quand la femme eft affife retrouffée jufqu'aux nombril, introduifant une chandelle dans fa partie, cela s'appelle *la Bougie de Noël.*

19. Quand l'homme & la femme étant en ouvrage l'un fur l'autre & que la fervante frappe le derriere de l'homme avec un martinet, cela s'appelle *le bon tape-cu.*

20. Lorfqu'un Docteur fe fait branler fon membre par une vieille, tenant le portrait de fa maîtreffe à la main, cela s'appelle *foutre en idée.*

21. Quand la femme étant retrouffée eft affife fur l'homme qui la tiens enfilée, cela s'appelle *faire les chandelles de fuif.*

22. Quand deux femmes nues fe font contempler à un homme, cela s'appelle *aider à la vieilleffe.*

23. Quand l'homme étant nud fe couche en terre à la renverfe foutenu feulement de trois carreaux de plume ; la

femme eſt aſſiſe ſur un panier percé :
le panier étant attaché au plancher avec
une corde que l'homme tient à la main
juſqu'à ce qu'il ait enconné & pris la
juſte meſure, après quoi il lache la corde
qui s'arrète à un nœud & la femme ſe
trouve ainſi ſuſpendue. Enſuite l'homme fait tourner avec ſa main la femme
& le panier autour de ſon vit. On appelle cette poſture *tourner ſur le pivot.*

24. Quand l'homme étant nud, tient
les deux jambes de la femme à ſes côtés,
la faiſant aller & venir toute étendue
tenant une roue entre ſes mains, cela
s'appelle *foutre en brouette.*

25. Quand la femme tourne le dos à
l'homme, & qu'il paſſe ſes bras ſous ſes
aiſſelles & en appuyant ſur ſes épaules,
la fait plier pour l'enconner, c'eſt *foutre
à l'Allemande.*

26. Lorſque la femme ſe repoſe ſur le
corps de l'homme & qu'elle a ſes deux
jambes ſur la cuiſſe gauche & les épaules ſoutenues ſur le bras droit de l'homme, cela s'appelle *l'enfant qui dort.*

27. Lorſque l'homme prend les levres

du con & en chauffe fon vit , c'eft *chauf-
fer le brodequin.*

28. Lorfque la femme tenant fes cuiffes ouvertes , l'homme court à elle le vit
bandé & l'enconne , c'eft *courir la bague.*

29. Lorfque l'homme & la femme
étant couchés , la femme eft à la renverfe & l'homme lui eft deffus , c'eft *à
l'ordinaire ,* ou *en bon Chrétien.* Tu ris ,
mais tu ne fçais peut-être pas pourquoi
on appelle ainfi cette pofture ?

JUL. Peut-être que non. Dis-moi en la
raifon.

MAGD. Il y eut une fois un homme
qui voulut pour la rareté du fait baifer
une de fes bigottes de profeffion qui
dévorent les images. Il voulut la placer
commodement felon l'occafion , elle re-
fufa de le faire ainfi par fcrupule , & dit
que pour fa vie elle ne fe laifferoit point
baifer autrement qu'en bonne Chrétien-
ne , c'eft-à-dire comme fon mari avoit
accoûtumé de la baifer.

JUL. De bonne foi voilà une plaifan-
te imagination de bigotte & un drole
de fcrupule. Pourfuis cependant je t'en
prie.

30. Lorsque la femme étant à la renverse tient ses talons à ses fesses, c'est *la grenouille*.

31. Lorsqu'ils sont de côté & que la femme tient une jambe haussée sur le côté de l'homme, c'est *en con de biais*.

32. Lorsque la femme tient une jambe haussée sur le côté de l'homme, & l'autre haussée, mais dessous l'homme, c'est *en con de travers*.

33. Lorsque la femme est à la renverse & l'homme lui est à côté, & que la femme lui tient ses jambes sur les fesses, c'est *nager dans la riviere*.

34. Lorsque l'homme est assis sur le lit les jambes ouvertes, & la femme de même, met ses jambes sur les cuisses de l'homme, & se tenant embrassés, c'est *à la moresque*.

35. Lorsque la femme est couchée & que l'homme lui fait sortir les fesses hors du lit pour l'enconner, c'est *le bon clistere*.

36. Quand la femme est couchée à la renverse & qu'elle donne de ses talons sur les fesses de l'homme qui la baise, c'est *piquer des deux*.

Je te dis les choſes ſimplement & en gros, il t'auroit falu entendre comme le Chanoine expliquoit tous ces noms, on ne peut pas plaiſanter plus agréablement que lui.

JUL. Je veux croire qu'il ajoutoit beau-coup d'autres choſes, cependant de la maniere que tu m'as dit toutes les poſ-tures & les noms qu'on leur donne, la choſe eſt extrèmement plaiſante. Adieu ma chere baiſe-moi, je ne te ſouhaite que la continuation de ce que tu poſ-ſedes, je t'en prie que je te voye de-main, peut-être que je pourrai te di-vertir.

MAGD. Adieu mon enfant je ſerai bien aiſe de te voir & d'apprendre comme tu es heureuſe.

NB. C'eſt par errreur que l'on a mis trente - ſix figures en taille - douce au *Titre*, il n'y en a que vingt-quatre : quoique les trente-ſix poſtures de l'Ar-retin y ſoient toutes décrites.

F I N.

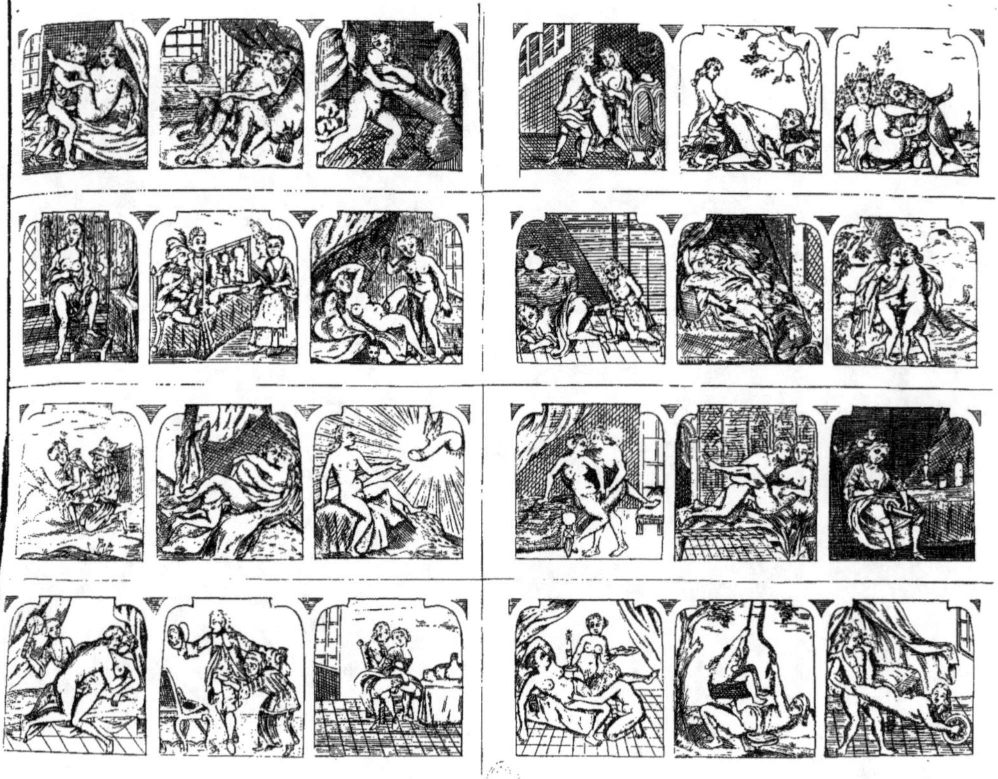

en
: le
on
:nt

ul.
la
of.
e,
eu
ite
of.
le.
li.

en tu

us
u
:
r.